COMPETÊNCIAS SOCIOEMOCIONAIS de Bolso

Formando alunos e professores para os desafios do século XXI

Itale Luciane Cericato e Lauri Cericato

1ª Edição | 2019

© **Editora do Brasil S.A., 2019**
Todos os direitos reservados
Texto © **Itale Luciane Cericato e Lauri Cericato**

Presidente: Aurea Regina Costa
Diretor Geral: Vicente Tortamano Avanso
Diretor Administrativo Financeiro: Mário Mafra
Diretor Comercial: Bernardo Musumeci
Diretor Editorial: Felipe Poletti
Gerente de Marketing
e Inteligência de Mercado: Helena Poças Leitão
Gerente de PCP
e Logística: Nemezio Genova Filho
Supervisor de CPE: Roseli Said
Coordenador de Marketing: Léo Harrison
Analista de Marketing: Rodrigo Grola

Realização

Direção Editorial: Helena Poças Leitão
Texto: Itale Luciane Cericato e Lauri Cericato
Revisão: Santiago Boyayan
Direção de Arte: Rodrigo Grola
Projeto Gráfico e Diagramação: Rodrigo Grola
Coordenação Editorial: Léo Harrison

```
Dados Internacionais de Catalogação na Publicação (CIP)
        (Câmara Brasileira do Livro, SP, Brasil)

    Cericato, Itale Luciane
      Competências socioemocionais de bolso : formando
    alunos e professores para os desafios do século XXI /
    Itale Luciane Cericato e Lauri Cericato. -- 1. ed. --
    São Paulo : Editora do Brasil, 2019.

      Bibliografia.
      ISBN 978-85-10-08009-5

      1. Competências socioemocionais 2. Educação
    emocional 3. Emoções 4. Saúde mental 5. Sentimentos
    I. Cericato, Lauri. II. Título.

19-31259                                    CDD-370.115
            Índices para catálogo sistemático:

    1. Educação emocional e social    370.115

        Cibele Maria Dias - Bibliotecária - CRB-8/9427
```

1ª edição / 7ª impressão, 2024
Impressão: Gráfica Santa Marta

CENU – Avenida das Nações Unidas, 12901 – Torre Oeste, 20º andar
Brooklin Paulista, São Paulo – SP – CEP 04578-910
Fone: +55 11 3226 -0211
www.editoradobrasil.com.br

COMPETÊNCIAS SOCIOEMOCIONAIS de Bolso

Formando alunos e professores para os desafios do século XXI

Itale Luciane Cericato e Lauri Cericato

Itale Luciane Cericato

Psicóloga. Doutora em Educação: Psicologia da Educação pela PUC-SP. Docente do programa de pós-graduação em Educação da Universidade Federal de São Paulo. Líder do grupo de estudos e pesquisas sobre profissão docente – Prodoc, cadastrado no CNPQ. Presidente do Centro de Formação de Educadores da Unifesp – gestão (2018-2020). Foi professora na Educação Básica das redes pública e particular.

Lauri Cericato

Licenciado em Filosofia e História. Diretor Acadêmico da Casa Educação. Pesquisador na área educacional e gestor de políticas públicas do MEC/FNDE. Professor na Educação Básica e no Ensino Superior.

Sumário

O que são competências socioemocionais? 11

Histórico do conceito das competências socioemocionais 15

A BNCC e as competências cognitivas,
comunicativas e socioemocionais 19

Educação emocional 25
    As emoções e os sentimentos 25
    É possível educar as emoções? 30

Alegria 33
    Ajudando os estudantes a reconhecer e vivenciar a alegria 36

Raiva 39
    Ajudando os estudantes a reconhecer e vivenciar a raiva 42

Medo 45
    Ajudando os estudantes a reconhecer e vivenciar o medo 47

Tristeza 49
    Ajudando os estudantes a reconhecer e vivenciar a tristeza 53

Educação emocional e saúde mental na escola 55

**Competências socioemocionais
para atuação na sociedade do século XXI** 59

**A mobilização das competências
socioemocionais nos professores e na equipe escolar** 65

Algumas sugestões para a prática 69

    Invista no ambiente 70

    Invista no estudante 71

    Invista no autoconhecimento 72

    Invista na empatia 72

    Invista na tomada de decisão responsável, na persistência e na determinação ... 73

Palavras finais 75

Bibliografia 77

O que são competências socioemocionais?

*"Não há nada na nossa inteligência que
não tenha passado pelos sentidos."*
Aristóteles

Antes de falar em competência socioemocional, é preciso falar em educação emocional. Educada emocionalmente é a pessoa capaz de reconhecer a emoção que está sentindo, manejá-la de acordo com o momento em que está vivendo, para dar uma resposta adequada às demandas do ambiente em que está inserida. A educação emocional decorre de um processo de aprendizagem que deve ser iniciado desde os primeiros anos e dura toda a vida.

Educação emocional resulta em autoconhecimento e autonomia emocional. Faz com que cada pessoa conheça seus limites e possibilidades e empregue esses conhecimentos e habilidades, de forma competente, no relacionamento estabelecido consigo mesmo e com o outro.

Parhomenko (2014) define competências socioemocionais como a capacidade de gerenciar comportamentos, permitindo que as pessoas se envolvam e se relacionem harmoniosamente umas com as outras dentro de um contexto social. Assim, os seres humanos desenvolvem mecanismos que lhes permitem lidar com as mais variadas situações impostas pela vida na superação de problemas, desde que tenham competências que lhes deem suporte para isso.

Para pesquisadores da Colaborative for Academic, Social and Emotional Learning (CASEL), as competências socioemocionais referem-se a pensamentos, sentimentos e comportamentos, e podem ser agrupadas em cinco aspectos centrais:

Autoconhecimento: reconhecimento das próprias emoções, valores, autoeficácia e limitações.

Consciência social: cuidado e preocupação com as outras pessoas, capacidade para perceber a emoção do outro e aceitar sentimentos diferentes dos seus, bem como aceitar a diversidade e respeitar o próximo.

Tomada de decisão responsável: identificar verdadeiros problemas, analisar e refletir sobre a situação, ter habilidade para resolver problemas por meio de atitudes baseadas em preceitos éticos, morais e com fins construtivos.

Habilidades de relacionamento: formação de parcerias positivas, pautadas por compromisso, cooperação, comunicação efetiva e flexibilidade na negociação de acordos, permitindo que a pessoa lide adequadamente com conflitos que possam surgir; saber solicitar e fornecer ajuda.

Autocontrole: capacidade de autogerenciamento de comportamentos e emoções para atingir uma meta. Motivação, disciplina e persistência para alcançar desafios, utilizando-se de humor, criatividade e organização.

Por muitos anos, se pensou que essas características constituíam traços inatos na personalidade dos seres humanos. Hoje, contudo, há estudos que evidenciam tratar-se de habilidades que podem ser aprendidas, desenvolvidas por meio das práticas sociais. E esse aprendizado é urgente para a promoção de uma sociedade composta por pessoas felizes e proativas.

O crescimento avassalador da tecnologia, o bombardeio de estímulos e informações a que somos constantemente submetidos, a transformação nas formas de transmissão e propagação do conhecimento, a mudança nas relações de trabalho, o aumento da violência e da intolerância, o aumento nos índices de depressão e suicídio entre adolescentes e jovens, bem como a automutilação, são marcadores que demandam novas formas de compreensão e resposta aos fenômenos sociais.

Discutir a promoção e o desenvolvimento das habilidades socioemocionais nas escolas é uma forma de responder às demandas colocadas pela sociedade no século XXI. A escola, como grande espaço socializador, pode contribuir com a formação de seres humanos competentes a lidar com os desafios contemporâneos da vida, que saibam dar respostas embasadas no estabelecimento de relações entre aspectos cognitivos e emocionais. Os estudos mais recentes mostram que, quando nos sentimos felizes, seguros e confiantes, isso se reflete positivamente na vida escolar e, futuramente, na vida profissional. É sobre como fazer isso no cotidiano escolar que trataremos, mais detalhadamente, nas próximas páginas deste livro.

Histórico do conceito das competências socioemocionais

> *"Não se trata de opor um holismo global e vazio ao reducionismo mutilante; trata-se de ligar as partes à totalidade."*
> **Edgar Morin**

Competência socioemocional é um conceito teórico sistematizado no campo da ciência psicológica, e, embora esteja sendo muito discutido atualmente, não se trata de uma temática necessariamente nova.

No campo da filosofia, encontramos em Kant, no século XVIII, que a criatividade é condição para a inteligência formal, lógica e objetiva. A compreensão dos fenômenos do mundo é feita por meio das leis da percepção; assim, no desenvolvimento cognitivo, há componentes que se relacionam com a dimensão dos afetos.

No campo da psicologia, autores como Piaget, Vigotski e Wallon escreveram, no início do século XX, cada qual sob um enfoque, teorias que, embora ainda não usassem o termo competência socioemocional, consideravam a afetividade como elemento na constituição do ser humano, por meio da relação estabelecida consigo mesmo, com o outro e com o mundo social de modo mais amplo.

Com o passar dos anos, novos estudos foram desenvolvidos. Howard Gardner, na década de 1980, escreveu sobre a existência de diferentes tipos de inteligências e defendeu que estas são vinculadas à capacidade de resolver problemas, uma vez que o indivíduo pode receber e modificar uma informação mediante o nível de compreensão que possui de si e dos outros. Com isso, as emoções passaram a ser reconhecidas e valorizadas, porque podem aumentar a eficácia nas decisões e nos comportamentos das pessoas. Compõem a Teoria das Inteligências Múltiplas de Gardner as inteligências: linguística, musical, espacial, corporal-cinestésica, interpessoal, intrapessoal e naturalista, além das inteligências espiritual, existencial e moral, posteriormente sugeridas pelo autor (Gardner, 1995).

Com base na teoria de Gardner, Marin et al (2017) aponta que Salovey e Mayer (1990) postularam no meio científico o conceito de inteligência emocional, popularizado na década de 1990 pelo jornalista Daniel Goleman. O conceito de inteligência emocional é apresentado por Goleman (1995) como a maneira de vincular a emoção à inteligência, visando encontrar soluções para os problemas cotidianos. Contrariando posições que propõem a separação entre razão e emoção, a inteligência emocional é considerada um constructo que pode ser aprendido, possibilitando a regulação emocional, a inibição dos impulsos, a motivação e a persistência frente a frustrações, além do desenvolvimento da empatia e da esperança (Goleman, 1995).

Nos anos 2010, o neurocientista Antonio Damásio discute como a ausência de emoção e sentimento pode destruir a racionalidade. Desafiando os tradicionais dualismos mente e corpo, razão e sentimento, Damásio (2012) apresenta estudos que compreendem o homem de modo integrador.

Atualmente, a temática é estudada por várias áreas do conhecimento, além da psicologia: pedagogia, neurociência, economia, sociologia, filosofia, entre outras.

Em 2017, o Conselho Nacional de Educação (CNE) aprovou a Base Nacional Comum Curricular (BNCC), documento que estabelece dez competências gerais que norteiam as áreas de conhecimento e seus respectivos componentes curriculares. De acordo com a BNCC, o desenvolvimento dessas competências é importante para assegurar a todos os estudantes da Educação Básica do país, em escolas públicas e privadas, os direitos de aprendizagem, ou seja, quem é o estudante que se pretende formar.

Dentre as dez competências gerais estabelecidas, nota-se que várias estão relacionadas com questões que envolvem a aprendizagem e o desenvolvimento socioemocional, sinalizando que tais questões são prioritárias ao sistema educacional e à formação do cidadão preparado para o mundo do trabalho e ao enfrentamento dos desafios contemporâneos da sociedade atual.

A BNCC e as competências cognitivas, comunicativas e socioemocionais

> *"Há muitas pessoas de visão perfeita que nada veem. O ato de ver não é coisa natural, precisa ser aprendido."*
> **Rubem Alves**

A Base Nacional Comum Curricular (BNCC) define competência como a capacidade de mobilizar conhecimentos (conceitos e procedimentos), habilidades (práticas, cognitivas e socioemocionais), atitudes e valores, para resolver demandas complexas da vida cotidiana, do pleno exercício da cidadania e do mundo do trabalho.

Macedo e Fini (2018), ao analisarem a definição de competência apresentada pela BNCC, discorrem que o vocábulo mobilização, relacionado ao verbo mobilizar, significa "pôr-se em movimento, mover, movimentar, pôr-se em ação ou em uso". Significa também "incitar à participação, motivar, impulsionar", ou seja, ações que põem algo em movimento. Assim, observam os autores, ser competente, de acordo com a BNCC, implica pôr ou se pôr em ação em seus diferentes sentidos:

> "Um professor que media pode ser diferente de um professor que mobiliza. Ele pode mobilizar de muitas formas: propor exercícios ou

tarefas a ser realizados, configurar rodas de conversa sobre determinado tema, fazer reflexões ou propor projetos. O aluno, igualmente, pode ser mobilizado de muitas formas: pelas ações ou motivações de seu professor, pelo intercâmbio com seus pares, por suas motivações em fazer pesquisas, discutir um ponto de vista, assumir certa atitude ou abraçar dado valor. Quem mobiliza organiza uma situação, aceita um desafio, compromete-se com alguma coisa. A mobilização sempre acontece com um sujeito, mesmo que seja estimulada por outro. Se vida é movimento, viver é mobilizar-se para lhe dar sentido, para conhecer e conviver com seus desafios. Daí competência ser, para a BNCC, o mesmo que conhecimento mobilizado, operado e aplicado em uma situação, sendo conhecimento compreendido de forma ampla, ou seja, envolvendo conceitos, procedimentos, valores e atitudes." (MACEDO; FINI, 2018, p. 15)

Nessa perspectiva, a BNCC reconhece que a "educação deve afirmar valores e estimular ações que contribuam para a transformação da sociedade, tornando-a mais humana, socialmente justa e, também, voltada para a preservação da natureza" (BRASIL, 2013), mostrando-se também alinhada à Agenda 2030 da Organização das Nações Unidas (ONU).

A tabela nas páginas a seguir apresenta um resumo das competências gerais estipuladas pela BNCC para a Educação Básica, que compreende as etapas de Educação Infantil, Ensino Fundamental e Ensino Médio. Percebe-se a existência de uma articulação na construção de conhecimentos, no desenvolvimento de habilidades e na formação de atitudes e valores, nos termos propostos pela Lei de Diretrizes e Bases nº 9.394/96.

As competências são evidenciadas em três grandes blocos: cognitivas, comunicativas e socioemocionais.

Ao articular-se dessa forma, a BNCC assume uma concepção de aprendizagem e indica que as decisões pedagógicas devem estar orientadas para o desenvolvimento das competências que se deseja trabalhar. Portanto, alunos e professores devem ser colocados em movimento para que sejam capazes de empreender ações criativas com vistas à resolução dos problemas e demandas complexos da vida cotidiana, do pleno exercício da cidadania e do mundo do trabalho.

BNCC	
Propósito	**Competências Gerais**
	Competências Cognitivas
Contribuir para a construção de uma sociedade mais ética, democrática, responsável, sustentável e solidária, que respeite e promova a diversidade e os direitos humanos, sem preconceitos de qualquer natureza.	CONHECIMENTO
	PENSAMENTO CIENTÍFICO, CRÍTICO E CRIATIVO
	SENSO ESTÉTICO
	Competências Comunicativas
	COMUNICAÇÃO
	ARGUMENTAÇÃO
	CULTURA DIGITAL
	Competências Socioemocionais
	AUTOGESTÃO
	AUTOCONHECIMENTO E AUTOCUIDADO
	EMPATIA E COOPERAÇÃO
	AUTONOMIA

Valorizar e utilizar os conhecimentos historicamente construídos sobre o mundo físico, social e cultural.	Para	Entender e intervir na sociedade.
Exercitar a curiosidade intelectual, o pensamento crítico, científico e a criatividade.	Para	Investigar, elaborar e testar hipóteses; formular e resolver problemas criando soluções.
Desenvolver o senso estético.	Para	Reconhecer, valorizar e fruir as diversas manifestações artísticas e culturais, além de participar dessas criações.
Utilizar as linguagens verbal, verbo-visual, corporal, multimodal, artística, matemática, científica, tecnológica e digital.	Para	Expressar-se, partilhar informações, experiências, ideias e sentimentos em diferentes contextos e produzir sentidos que levem ao entendimento mútuo.
Argumentar com base em fatos, dados e informações confiáveis.	Para	Formular, negociar e defender ideias, pontos de vista e decisões comuns que promovam os direitos humanos e a consciência socioambiental, com posicionamento ético no cuidado consigo e com os outros.
Utilizar tecnologias digitais de comunicação e informação de forma crítica, significativa, reflexiva e ética.	Para	Comunicar-se, acessar e disseminar informações; produzir conhecimento e resolver problemas.
Entender o mundo do trabalho e planejar seu projeto de vida pessoal, profissional e social.	Para	Fazer escolhas em relação ao futuro com liberdade, autonomia, consciência crítica e responsabilidade.
Conhecer-se, apreciar-se, reconhecer suas emoções e as dos outros, ter autocrítica.	Para	Cuidar da saúde física, emocional, lidar com suas emoções e com a pressão do grupo.
Exercitar a empatia, o diálogo, a resolução de conflitos e a cooperação.	Para	Fazer-se respeitar e promover o respeito ao outro; acolher e valorizar a diversidade, sem preconceitos; reconhecer-se como parte de uma coletividade com a qual deve se comprometer.
Agir pessoal e coletivamente com autonomia, responsabilidade, flexibilidade, resiliência e determinação.	Para	Tomar decisões seguindo princípios éticos, democráticos, inclusivos, sustentáveis e solidários.

Educação emocional

> *"Se chorei ou se sorri, o importante é que emoções eu vivi."*
> **Roberto Carlos**

Iniciamos o capítulo 1 deste livro afirmando que, antes de ser capaz de mobilizar habilidades para atuar com competência na resolução e superação dos mais variados problemas apresentados pelo cotidiano, cada pessoa precisa ter desenvolvido em si recursos necessários para isso. Mas como tal ação é possível? Por meio da educação das emoções.

Antes de compreender como educar as emoções, vamos conceituá-las:

As emoções e os sentimentos

A palavra emoção, do latim *emovere*, em que "e" significa para fora e "movere" significa passar, quer dizer "mover de dentro para fora". Ou seja, externalizar a emoção e entrar em contato com ela constitui um modo de comunicar nossos mais importantes estados e necessidades internos.

A emoção é um fenômeno afetivo intenso, de curta duração, geralmente originado como uma reação a estímulos internos ou externos, conscientes ou não. Ela é definida por Dalgalarrondo (2008) como um estado mental e fisiológico que provoca reações motoras e glandulares, além de alterar a aprendizagem e o comportamento. Damásio (2000) define as emoções como adaptações singulares que integram o mecanismo com o qual os organismos regulam sua sobrevivência orgânica e social.

Segundo Damásio (2004), as emoções podem ser classificadas em:

Tabela produzida com base no quadro das três categorias de emoções (Damásio, 2004).

As emoções de fundo podem ser consideradas agradáveis ou desagradáveis, porque estão relacionadas com sensações de bem-estar ou de mal-estar interno. São induzidas por estímulos internos, com origem em processos físicos ou mentais, que levam o organismo a um estado de tensão ou relaxamento, fadiga ou energia. Expressam-se em alterações musculoesqueléticas, refletindo-se em variações na postura e nos movimentos.

Relação entre emoção e sentimento

As emoções primárias – raiva, tristeza, medo, nojo, surpresa e alegria – são comuns a várias espécies animais e podem ser identificadas entre seres de uma mesma espécie.

As emoções secundárias – vergonha, culpa, compaixão, simpatia, orgulho, inveja, ciúme, entre outras – são aprendidas e envolvem experiências sociais e culturais. Algumas emoções primárias podem gerar emoções secundárias em sua relação com a cultura.

Os sentimentos, diferentemente das emoções, que são fenômenos de curta duração e se expressam no corpo, são fenômenos do pensamento e se expressam de modo mais duradouro. Os sentimentos estão mais relacionados à razão, porque envolvem pensamentos sobre o que sentimos, ou seja, é quando a pessoa pensa sobre a emoção sentida. Assim, as emoções geram sentimentos, e estes são únicos aos seres humanos.

De acordo com Damásio (2000, 2004), as emoções são externalizadas, porque se expressam no corpo, estando intimamente relacionadas às sensações. Os sentimentos, por sua vez, são internalizados, porque dependem da consciência que cada pessoa constrói sobre a emoção ao apegar-se a ela de forma estável, ou seja, depende de um processo cognitivo.

Com base no referencial teórico da psicologia histórico-cultural de Lev Vigotski, Machado et. al. (2011) pontua que a emoção é um fenômeno psicológico culturalizado, ou seja, aprendido por meio das relações sociais e que existe uma íntima relação entre emoção, pensamento e imaginação. Baseando-se em Smirnov (1969), Machado et. al. (2011) distingue as emoções dos sentimentos afirmando que as emoções correspondem mais à satisfação de necessidades orgânicas, relacionadas com as sensações, enquanto os sentimentos correspondem a necessidades culturais e espirituais, as quais apareceram durante o desenvolvimento histórico da humanidade. Os sentimentos dependem das condições de vida do homem, de suas relações e necessidades, porém o caráter social não é exclusivo deles, pois o autor considera que as emoções, ainda que mais associadas a fenômenos orgânicos, são sempre e inevitavelmente reações de um ser social, ligadas às exigências sociais de cada período histórico da humanidade (MACHADO et. al, 2011, pág. 651).

A historicidade é importante para os autores que compreendem a emoção sob a luz dessa perspectiva teórica, porque a história caminha com o desenvolvimento da humanidade, modificando os sentidos e os significados dos sentimentos e das emoções, ou seja, o que em um contexto histórico provoca determinados sentimentos nas pessoas de uma certa classe social pode provocar sentimentos opostos nas pessoas de outra classe social em outro contexto histórico. Assim, "a maneira como a sociedade se organiza dá origem também aos sentimentos morais, às normas e aos sentimentos estéticos de seus homens, que dependem também das relações estabelecidas durante o desenvolvimento emocional da criança, o qual, em maior ou menor grau, enriquecerá suas experiências emocionais" (MACHADO et. al, 2011, pág. 652).

É possível educar as emoções?

Para educar as emoções, é necessário desenvolver a consciência emocional, porque é a partir dela que cada pessoa se torna capaz de perceber a si mesma e ao outro. É também por meio da consciência emocional que adquirimos a capacidade para manejar nossas emoções e comportamentos. Isso traz inúmeras vantagens, porque não lidar bem com as próprias emoções pode gerar comportamentos prejudiciais, tanto para os processos que envolvem a aprendizagem, como para as relações interpessoais.

Quando uma criança aprende a lidar com as próprias emoções, ela tem consciência de quem é, quais são seus pontos fortes e fracos e como pode trabalhar para se aperfeiçoar. A educação emocional pode ajudar a construir pessoas mais completas e também mais capazes de atuar na construção de uma sociedade justa e humana.

A educação emocional é um trabalho que deve durar toda a vida e envolve, além da escola, a família e a comunidade. No que diz respeito especificamente à escola, trabalhar com as emoções impacta direta e positivamente a aprendizagem, o clima escolar e a convivência entre os estudantes. Assim, em um ambiente de cultivo de práticas democráticas, aumenta-se a probabilidade de que conflitos, casos de violência e *bullying* sejam equacionados por meio do diálogo, melhorando as relações existentes na comunidade escolar.

O aprimoramento das formas de comunicação, a cooperação em prol de objetivos comuns, o saber oferecer e pedir ajuda e o respeito à diversidade também são benefícios alcançados que podem contribuir para melhorar a capacidade dos estudantes de lidar com situações relacionais difíceis de forma competente.

No entanto, para dar bons resultados, é importante que o trabalho seja realizado de modo intencional e sistemático, como qualquer outro assunto do currículo. Estando presente em todas as disciplinas, de forma transversal, a temática das emoções poderá ser internalizada pelos alunos como parte essencial da vida. Este é um destaque importante, porque, historicamente, o currículo escolar embasou-se na ideia de um desenvolvimento educacional baseado apenas na razão. A emoção foi, por muito tempo, vista como algo negativo cujo desenvolvimento deveria ficar a cargo da família. Estamos diante de uma recente mudança de concepção. Assim, aprender sobre o que é tristeza, raiva, alegria, dentre outros, da mesma forma como se aprende sobre português ou matemática, ajuda os alunos a reconhecer, expressar e manejar o que sentem, para que possam observar a realidade e construir ferramentas para atuar crítica e eticamente sobre ela.

A melhor forma para se trabalhar a educação das emoções é vivenciando cada uma delas. Nos próximos capítulos, apresentaremos sugestões de atividades que poderão auxiliar professores e equipe escolar nessa tarefa.

Alegria

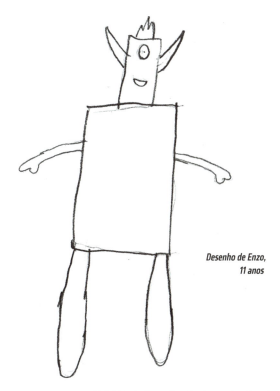

*Desenho de Enzo,
11 anos*

"A felicidade é a realização de um desejo pré-
-histórico da infância. É por isso que a riqueza
contribui em tão pequena medida para ela. O
dinheiro não é objeto de um desejo infantil."
Sigmund Freud

A alegria é uma emoção agradável ou positiva. Preferimos usar o termo agradável em vez de positivo, como alguns autores o fazem, porque entendemos que as emoções devem ser sentidas e reconhecidas em sua essência, sem que sejam atreladas a juízos de valor, como o termo positivo, ou seu oposto negativo, parece sugerir.

Paul Ekman (2011), um dos maiores especialistas mundiais na análise das emoções humanas e de suas expressões faciais, afirma que há mais de uma dúzia de emoções agradáveis. Essas emoções cumprem um papel importante como motivadoras, para que as pessoas realizem tarefas que julgam serem boas para si, envolvendo-se com isso em atividades essenciais para a sobrevivência da espécie, como, por exemplo, as relações sexuais.

De acordo com Ekman, as principais emoções agradáveis são alegria, gratidão, amor, contentamento, entusiasmo, alívio e elevação. Nesse rol, a alegria é a única emoção classificada como primária, enquanto todas as outras são consideradas emoções secundárias. As demais emoções primárias, além da alegria, são a raiva, o medo, a tristeza, a surpresa e o nojo.

Barbara Fredrickson (2005), uma das principais estudiosas sobre as emoções agradáveis, afirma que elas possuem importante papel no processo evolutivo por auxiliar na construção do pensamento mais abrangente, flexível e na criatividade, fortalecendo recursos cognitivos que podem ser usados frente a uma ameaça, por exemplo. Vivenciar estados emocionais agradáveis traz benefícios que perduram no futuro, ou seja, o cultivo dessas emoções contribui para aumentar nas pessoas recursos físicos, intelectuais e sociais.

Diener (2008) indica que pessoas que cultivam emoções agradáveis são mais generosas, cooperativas, altruístas e, além de possuírem um sistema imunológico mais fortalecido, têm baixo risco de desenvolver doenças cardiovasculares, pulmonares, diabetes, hipertensão e resfriados.

Os estudos de Ekman (2011) indicam que as emoções humanas se traduzem em expressões faciais, mesmo que durem milissegundos. Com isso, a alegria se expressa no corpo por meio do sorriso, nos olhos, nas bochechas, mas também pode ser percebida por alterações nos batimentos cardíacos e na respiração.

Há quem pense que alegria e felicidade são a mesma coisa, mas não são. O texto abaixo, do filósofo Mario Sergio Cortella, exemplifica essa diferenciação:

> Felicidade é transbordamento!
>
> Alegria, bem-estar, euforia... A felicidade é um estado superior a algumas dessas boas sensações.
>
> A alegria é um componente da felicidade, porque a felicidade não é triste; mas a alegria não esgota a felicidade. Ela é uma das formas pelas quais a felicidade pode se mostrar. Mas alegria não significa uma vibração intensa da vida. Não é uma sensação de plenitude da vida, é só um momento em que você ouve algo, vê algo e está alegre. Crianças correndo na escola; essa cena é de absoluta felicidade para elas. Elas estão alegres, rindo, brincando, mas sair gritando, de braços abertos, e pular num balanço ou se enroscar

na corda e ficar balançando é uma expressão de felicidade. A alegria não esgota a ideia de felicidade.

Bem-estar é outro aspecto que não chega a ser sinônimo de felicidade. Eu posso ter o bem-estar na hora em que sento e a cadeira está confortável, estou apoiado, e a temperatura está boa. Eu sinto um bem-estar, mas não vou dizer que estou feliz.

Euforia vem da expressão *foros*, que, em grego, é "aquilo que leva". Euforia é o que transporta o bom. Bem-estar não se confunde com a felicidade; a felicidade inclui bem-estar, a alegria, a euforia, mas ela não se limita a isso. Estar só eufórico não significa que você está feliz. Você pode atingir esse estado induzido por alguma droga.

Eu prefiro supor que a felicidade é a percepção da abundância da vida. Quando eu percebo que a vida em mim é abundante e quando posso partilhar, isso aumenta a minha possibilidade de felicidade.

Mario Sergio Cortella, 2016

Ajudando os estudantes a reconhecer e vivenciar a alegria

Diversas situações podem nos causar alegria cotidianamente. Por exemplo: fazer um gol ao jogar futebol; passar o dia todo brincando no parque; estar com a família; passear no shopping; chegar em casa com fome e ver que nosso prato favorito foi preparado para o jantar, entre outras. Converse com os estudantes sobre essas situações.

Pergunte aos estudantes em quais momentos eles se sentem alegres.

Peça aos estudantes que elaborem uma lista com três situações em que costumam ficar alegres.

Peça aos estudantes para perceberem como a alegria se manifesta em seus corpos. Há alterações físicas decorrentes da alegria? De que tipo? Em quais partes do corpo?

Como é possível perceber quando alguém está alegre?

Peça aos estudantes para expressarem a alegria sentida por meio de um desenho. Aqueles que desejarem poderão comentar sobre seus desenhos. Organize uma exposição na turma.

Raiva

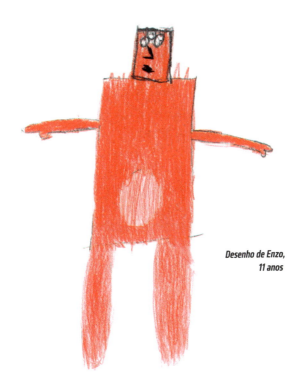

**Desenho de Enzo,
11 anos**

"Não sei, nem quero saber, tenho raiva de
quem sabe do seu modo de viver."
Noel Rosa

A raiva é considerada a emoção primária mais presente na vida das pessoas. Quando mal direcionada, tem potencial para produzir efeitos muito negativos e pode tornar-se um problema quando expressada descontrolada e destrutivamente, fazendo com que a pessoa reaja a algumas situações de modo inadequado e indesejado.

A forma como cada pessoa lida com a raiva sofre influência do jeito como a cultura, a sociedade e a família valorizam as expressões de raiva e seu manejo, ou seja, diferentes contextos e grupos sociais lidam com manifestações de raiva de formas distintas.

A raiva pode ser passageira ou prolongada – nesse caso, denominada rancor –, e pode variar desde um leve incômodo até a ira ou o ódio.

A raiva é uma condição necessária, embora não suficiente, para justificar ou causar um comportamento de agressividade, porque a agressão é apenas uma das formas possíveis para manifestar a raiva.

Raiva e frustração são emoções costumeiramente confundidas por algumas pessoas. A frustração acontece quando nos deparamos com um obstáculo de difícil superação, impedindo a satisfação de uma necessidade ou um desejo. A raiva surge como uma reação emocional à frustração frente ao que nos impede de alcançar aquilo que almejamos.

Considerada uma emoção perigosa, a raiva impulsiona comportamentos destrutivos e violentos contra si mesmo ou contra os outros. Ao se manifestar no corpo, faz com que a cabeça e o pescoço enrijeçam, os dentes e punhos fiquem cerrados, as narinas alargadas, as pupilas dilatadas e a pressão arterial e a frequência cardíaca aumentem. O corpo se prepara para a luta e o ataque. Cognitivamente, a atenção se volta para o que sentimos, havendo uma tendência para distorcer negativamente o julgamento dos fatos, comprometendo a tomada de decisões. Sob a influência dessa emoção, a pessoa pode fazer ou dizer coisas das quais pode se arrepender posteriormente ou ainda comprometer suas relações pessoais e profissionais.

Reações frequentes de raiva e baixa tolerância às frustrações com dificuldade para controlar impulsos agressivos podem gerar sintomas físicos e psicológicos. Principalmente na adolescência, a dificuldade de manejar adequadamente a raiva constitui fator de risco para a saúde mental.

Alguns fatores podem influenciar o surgimento da raiva. A isso chamamos gatilhos: privação de sono, fome, barulho, cansaço, estafa mental, trânsito, acontecimentos traumáticos, preocupação excessiva e álcool são alguns deles. Conhecer o que gera a raiva em si mesmo ajuda a adotar posturas para evitar que os gatilhos sejam disparados, porque as explosões de raiva podem produzir uma momentânea sensação de alívio, não raras vezes, sucedida por um sentimento de vergonha ou arrependimento em face das consequências do comportamento impulsivo.

Contudo, há aspectos construtivos na raiva, porque ela também pode gerar energia para impulsionar ações de perseverança, autodefesa, responsabilidade ou para evitar injustiças. Quando nos sentimentos ameaçados, nosso instinto de defesa e ataque é acionado. Se manejarmos a raiva adequadamente, podemos tirar proveito desse mecanismo fisiológico para provocar nosso raciocínio a encontrar formas de nos livrar da causa geradora de desconforto.

Ajudando os estudantes a reconhecer e vivenciar a raiva

Diversas situações podem nos causar raiva cotidianamente. Por exemplo: quando estamos assistindo a um programa de TV e alguém muda o canal sem pedir nossa autorização; quando queremos contar para nossos pais como foi nosso dia, mas eles não prestam atenção; quando alguém pega nosso brinquedo sem pedir; quando nosso time favorito perde; quando percebemos que fomos enganados por alguém, entre outras. Converse com os estudantes sobre essas situações.

Pergunte aos estudantes em quais momentos eles sentem raiva.

Peça aos estudantes que se lembrem de três situações recentes em que sentiram raiva, avaliando a intensidade dessa emoção em uma escala de 1 a 10, sendo 1 para a emoção mais leve e 10 para a raiva mais intensa.

Discuta quais foram as consequências das reações da raiva sentida pelos estudantes:

- efeito no ambiente;
- nas pessoas à sua volta;
- você fez algo de que tenha se arrependido depois? Relate.

Peça aos estudantes para perceberem como a raiva se manifesta em seus corpos, assinalando as alternativas:

( ) Coração disparado ( ) Tensão muscular

( ) Sudorese ( ) Rosto vermelho

( ) Dor de cabeça ( ) Calor

( ) Rosto contraído ( ) Tremor nas mãos e no corpo

( ) Boca seca ( ) Respiração ofegante

( ) Dor no peito ( ) Dor no estômago

Como é possível perceber quando alguém está com raiva?

Peça aos estudantes para expressarem a raiva sentida por meio de um desenho. Aqueles que desejarem poderão comentar sobre seus desenhos. Organize uma exposição na turma.

Medo

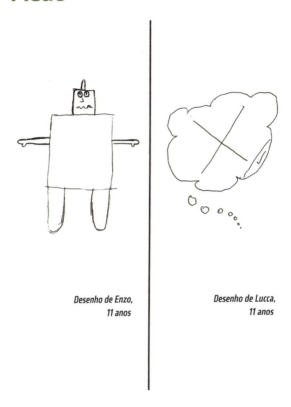

Desenho de Enzo,
11 anos

Desenho de Lucca,
11 anos

"Não tenho medo do escuro, mas deixe as luzes acesas."
Renato Russo

O medo é uma emoção que tem por objetivo a proteção da integridade física ou a sobrevivência, levando o ser humano a agir de modo prudente e cauteloso.

O que causa medo em uma pessoa não necessariamente causa medo em outra, da mesma forma que o modo de expressar o medo também é diferente para cada um, porque esses aspectos estão relacionados com o perfil emocional e as experiências vividas, ou seja, decorrem de construções realizadas ao longo da vida.

O medo pode ter aspectos negativos quando gera uma distorção perceptiva e/ou cognitiva da realidade ou ainda quando paralisa e afeta a qualidade de vida das pessoas, gerando danos tanto à personalidade como à liberdade. Nessas situações, por exemplo, as pessoas podem ficar vulneráveis à manipulação dos próprios pensamentos e inseguras, por vezes minimizando suas capacidades pessoais e/ou profissionais.

No corpo, o medo pode se expressar em reações fisiológicas, como aumento dos batimentos cardíacos, aumento da pressão arterial, dilatação das pupilas, sudorese ou tremor das mãos. Na face, as pálpebras superiores ficam levantadas e as inferiores, tensas. Os lábios podem ficar ligeiramente esticados na direção dos ouvidos e as sobrancelhas, levantadas e juntas.

Zigmunt Bauman, sociólogo polonês, concedeu em 2003 uma entrevista à Maria Lúcia Garcia Pallares-Burke em que discorre sobre três formas de medo que afligem as pessoas na sociedade contemporânea: o medo de não conseguir garantir o futuro, de não conseguir trabalhar ou ter qualquer tipo de sustento; o medo de não conseguir se fixar na estrutura social, que significa perder a posição ocupada, caindo para posições mais vulneráveis; e o medo em torno da integridade física. De acordo com o pensador, esses medos se agravam nos tempos atuais, porque as maneiras que as pessoas conheciam para lidar com os desafios da vida não funcionam mais, fato que gera medo e ansiedade.

A ansiedade é uma emoção secundária. Também está relacionada à preparação do organismo para o enfrentamento de um perigo. No entanto, enquanto o medo se refere a um perigo iminente, a ansiedade se refere a uma expectativa vaga, indefinida, um risco que pode ser real ou imaginário. A ansiedade depende da cultura, do contexto e das práticas sociais. É classificada como um fenômeno do pensamento relacionado com o futuro.

Há aspectos positivos no medo, além daqueles que envolvem a própria proteção e sobrevivência. O medo também faz com que as pessoas mobilizem energia para a realização e conclusão de tarefas, como, por exemplo, em um contexto de trabalho ou estudo.

Ajudando os estudantes a reconhecer e vivenciar o medo

Diversas situações podem nos causar medo cotidianamente. Por exemplo: quando andamos em uma montanha russa; quando vamos brincar na praia e o mar está com muitas ondas; quando temos que falar em público; quando assistimos a um filme de terror; quando pensamos no futuro, entre outras. Converse com os estudantes sobre essas situações.

Pergunte aos estudantes em quais momentos eles sentem medo.

Peça aos estudantes para listarem três situações em que sentiram medo no último mês.

Peça para os estudantes pensarem em uma situação em que o medo de que algo ruim ocorresse fez com que eles agissem com ações positivas. Solicite que registrem por meio da escrita.

Peça aos estudantes para recordarem-se de uma situação em que o medo os protegeu. Solicite que registrem por meio da escrita.

Solicite aos estudantes que percebam como ficam seus rostos e corpos quando sentem medo.

Como é possível perceber quando alguém está com medo?

Peça aos estudantes para expressarem o medo sentido por meio de um desenho. Aqueles que desejarem poderão comentar sobre seus desenhos. Organize uma exposição na turma.

Tristeza

**Desenho de Lucca,
11 anos**

"A tristeza é senhora
Desde que o samba é samba é assim
A lágrima clara sobre a pele escura
A noite e a chuva que cai lá fora
Solidão apavora
Tudo demorando em ser tão ruim
Mas alguma coisa acontece
No quando agora em mim
Cantando eu mando a tristeza embora
O samba ainda vai nascer
O samba ainda não chegou
O samba não vai morrer
Veja, o dia ainda não raiou
O samba é pai do prazer
O samba é filho da dor
O grande poder transformador."
Caetano Veloso e Gilberto Gil

A tristeza é uma emoção normalmente associada a vivências decorrentes da perda de alguém ou algo muito significativo, como, por exemplo, a morte de um parente, uma perda material ou uma decepção importante. Fatores internos ou externos podem gerar essa emoção. Dentre os externos, destaca-se a perda de uma pessoa próxima ou de coisas materiais. Dentre os internos, considera-se saudade, frustração ou mesmo um fracasso.

No corpo, a tristeza se manifesta em reações físicas como choro, falta ou aumento de apetite, alterações de sono, fadiga geral que não melhora com repouso, diminuição cognitiva, cabeça e ombros curvados para baixo. Na face, as sobrancelhas caem e ficam juntas, as pálpebras superiores também caem, enquanto as inferiores contraem-se, fazendo um movimento para baixo. Os olhos perdem o foco e o queixo fica tenso.

A tristeza pode provocar uma diminuição geral na capacidade de ação, gerando alto grau de sofrimento. Também gera desesperança, perda de energia, esgotamento, tendência ao isolamento. É uma emoção desagradável ligada, segundo Damásio (2012), a um modo ineficiente de pensar, porque o pensamento fica concentrado em ideias de perdas, fazendo com que a pessoa se torne menos criativa, menos competitiva e perca a capacidade de enxergar oportunidades. Assim, a tristeza pode proporcionar um impacto muito negativo no âmbito dos relacionamentos interpessoais ou profissionais.

O que distingue a tristeza da depressão é a intensidade com que acontecem os sentimentos, pensamentos e ações negativas e de desânimo, além do tempo que perduram. Tristeza não cuidada pode se transformar em depressão, doença que pode durar meses ou anos e necessita de tratamento médico. A tristeza, diferente da depressão, não é uma doença, mas uma emoção comum a todos os indivíduos humanos.

Há, contudo, aspectos positivos na tristeza, pois essa emoção constitui um momento que induz à autorreflexão, ou seja, abre para todas as pessoas uma possibilidade de autoconhecimento. Pensar sobre o que nos deixa tristes pode abrir as portas para encontrar soluções, evitando a repetição de erros que comprometem nossa qualidade de vida. Vivemos em uma sociedade em que a tristeza é negada e eliminada a qualquer preço, privilegiando uma alegria adquirida mesmo que artificialmente. Se considerarmos que alegria e tristeza são emoções que constituem o desenvolvimento humano, deixaremos de tratá-las como polos opostos, mas integradores de um psiquismo normal.

A vivência da tristeza é um movimento que pode ser observado nas artes em suas mais variadas expressões: cinema, música, literatura, etc. Em muitas manifestações artísticas, podemos observar o sofrimento transformado em determinação e superação. Citamos, como exemplo, o texto de Rubem Alves, extraído do livro *Ostra feliz não faz pérola*.

> "Ostras são moluscos, animais sem esqueleto, macias que representam as delícias dos gastrônomos. Podem ser comidas cruas, com pingos de limão, com arroz, paellas, sopas. Sem defesas – são animais mansos –, seriam uma presa fácil dos predadores. Para que isso não acontecesse, a sua sabedoria as ensinou a fazer casas, conchas duras, dentro das quais vivem. Pois havia num fundo de mar uma colônia de ostras, muitas ostras. Eram ostras felizes.

Sabia-se que eram ostras felizes porque de dentro de suas conchas saía uma delicada melodia, música aquática, como se fosse um canto gregoriano, todas cantando a mesma música.

Com uma exceção: de uma ostra solitária que fazia um solo solitário. Diferente da alegre música aquática, ela cantava um canto muito triste. As ostras felizes riam dela e diziam: "ela não sai da sua depressão...". Não era depressão. Era dor. Pois um grão de areia havia entrado dentro da sua carne e doía, doía, doía. E ela não tinha jeito de se livrar dele, do grão de areia. Mas era possível livrar-se da dor. O seu corpo sabia que, para se livrar da dor que o grão de areia lhe provocava, em virtude de sua aspereza, arestas e pontas, bastava envolvê-lo com uma substancia lisa, brilhante e redonda. Assim, enquanto cantava seu canto triste, o seu corpo fazia o trabalho – por causa da dor que o grão de areia lhe causava. Um dia, passou por ali um pescador com seu barco. Lançou a rede e toda a colônia de ostras, inclusive a sofredora, foi pescada. O pescador se alegrou, levou-as para casa e sua mulher fez uma deliciosa sopa de ostras. Deliciando-se com as ostras, de repente seus dentes bateram num objeto duro que estava dentro de uma ostra. Ele o tomou nos dedos e sorriu de felicidade: era uma pérola, uma linda pérola. Apenas a ostra sofredora fizera uma pérola. Ele a tomou e deu-a de presente para a sua esposa.

Isso é verdade para as ostras. E é verdade para os seres humanos. No seu ensaio sobre o nascimento da tragédia grega a partir do espírito da música, Nietzsche observou que os gregos, por oposição aos cristãos, levavam a tragédia a sério. Tragédia era tragédia.

> Não existia para eles, como existia para os cristãos, um céu onde a tragédia seria transformada em comédia. Ele se perguntou então das razões pelas quais os gregos, sendo dominados por esse sentimento trágico da vida, não sucumbiram ao pessimismo. A resposta que encontrou foi a mesma da ostra que faz uma pérola: eles não se entregaram ao pessimismo porque foram capazes de transformar a tragédia em beleza. A beleza não elimina a tragédia, mas a torna suportável. A felicidade é um dom que deve ser simplesmente gozado. Ela se basta. Mas ela não cria. Não produz pérolas. São os que sofrem que produzem a beleza, para parar de sofrer. Esses são os artistas. Beethoven – como é possível que um homem completamente surdo, no fim da vida, tenha produzido uma obra que canta a alegria? –, Van Gogh, Cecília Meireles, Fernando Pessoa..."
>
> Rubem Alves, 2008

Ajudando os estudantes a reconhecer e vivenciar a tristeza

Diversas situações podem nos causar tristeza cotidianamente. Por exemplo: quando nos machucamos; quando um amigo não quer brincar conosco; quando nosso brinquedo favorito quebra; quando não ganhamos aquele presente que queríamos tanto; quando brigamos com quem amamos muito, entre outras. Converse com os estudantes sobre essas situações.

Pergunte aos estudantes em quais momentos eles se sentem tristes.

Peça aos estudantes que se lembrem de uma situação em que ficaram tristes.

Solicite aos estudantes que percebam como ficam seus rostos e corpos quando ficam tristes.

Como é possível perceber quando alguém está triste?

Peça aos estudantes para expressarem a tristeza sentida por meio de um desenho. Aqueles que desejarem poderão comentar sobre seus desenhos. Organize uma exposição na turma.

A tristeza está manifestada em variadas expressões artísticas: cinema, teatro, literatura, música, artes plásticas, entre outras. Tendo como inspiração o texto *Ostra feliz não faz pérola*, de Rubem Alves, escolha uma dessas manifestações e promova uma discussão com os estudantes, evidenciando o potencial criador dessa emoção.

Educação emocional e saúde mental na escola

> *"Para mim, Deus é isto: a beleza que se ouve no silêncio. Daí a importância de saber ouvir os outros: a beleza mora lá também. Comunhão é quando a beleza do outro e a beleza da gente se juntam num contraponto. Ouçamos os clamores dos famintos e dos despossuídos de humanidade que teimamos a não ver nem ouvir. É tempo de renovar, se mais não fosse, a nós mesmos e assim nos tornarmos seres humanos melhores, para o bem de cada um de nós."*
>
> **Rubem Alves**

Entendemos a educação emocional como um dos fatores protetores em favor da saúde mental. Contrariando a crença de que a infância é um período feliz, Vieira et. al. (2014) apresenta dados que demonstram que, no Brasil, 10 a 20% das crianças e adolescentes apresentam algum tipo de transtorno mental. Além da alta prevalência, os autores destacam que o impacto dos transtornos psiquiátricos na vida da população entre 10 e 24 anos é o mais prejudicial entre todos os problemas médicos. Particularmente no sistema escolar, o impacto dos transtornos psiquiátricos se traduz em baixo rendimento acadêmico, evasão escolar e envolvimento com problemas legais.

Tais dados fazem com que a escola seja considerada pela literatura em saúde mental um espaço estratégico e privilegiado para a implantação de políticas de saúde pública com foco na infância e na adolescência. Essa visão decorre do fato de ser no espaço escolar que crianças e adolescentes convivem boa parte do dia, mediados por um profissional experiente na observação e no manejo dos comportamentos apresentados nessa faixa etária. Assim, considera-se que um professor sensível e bem formado é um profissional que pode atuar – complementando a ação da família – na promoção da educação emocional de crianças e adolescentes, prevenindo a ocorrência de transtornos mentais ou, quando necessário, identificando sinais que demandem encaminhamento para avaliação por profissionais da área de saúde mental.

Os transtornos mentais dão sinais precocemente. São sinais que indicam que a pessoa está em estado de sofrimento psíquico. Nem todo sofrimento evolui para um transtorno. Nem toda tristeza evolui para uma depressão. No entanto, para que uma emoção como a tristeza não se transforme em uma patologia, ela precisa ser reconhecida, validada, escutada. Para isso, é preciso combater mitos existentes no senso comum, que apregoam que os sofrimentos humanos são psicológicos, bobagens, frescuras. Quando é humano, é verdadeiro e legítimo. Toda emoção pode e deve ser sentida, porque ela constitui quem nós somos e contribui para construir nosso lugar no mundo. Nossos medos e fragilidades precisam ser sentidos sem julgamentos. Mas para tanto é preciso que eles sejam escutados, valorizados e acolhidos.

Dunker (2019) defende que a escuta possui um poder transformativo. Para o autor, escutar implica estar disponível para o outro, ou seja, um exercício de compreensão do que o outro diz sob o ponto de vista dele; ser afetado pelo que o outro sente; experimentar o que o outro sente; fazer algo pelo outro, ou seja, ter uma ação em face do que se escutou.

Vivemos em uma cultura que valoriza a fala e pouco a escuta. Dunker defende que a escuta seja tematizada como uma habilidade socioemocional, como medida protetora ao sofrimento psíquico, contribuindo para a promoção da saúde mental. A escola é um bom local para a expressão das emoções e escuta do sofrimento de crianças e adolescentes. Professores sensíveis podem desenvolver a habilidade de escuta e também ensiná-la aos estudantes, contribuindo para a construção de escolas como ambientes acolhedores.

Considerando que faz parte do escopo de atuação das escolas o trabalho com os aspectos cognitivos, comunicativos e socioemocionais dos estudantes, considerar a escuta como elemento das práticas educativas pode contribuir para a promoção e prevenção da saúde mental mediante o desenvolvimento de habilidades que favoreçam a emergência das competências necessárias para atuar na sociedade contemporânea.

O vídeo disponibilizado no link abaixo pode ser útil para disparar discussões com os estudantes sobre a importância da escuta e da valorização e o reconhecimento dos sentimentos.

<https://www.youtube.com/watch?v=8VKjrD9s4bY>

Competências socioemocionais para atuação na sociedade do século XXI

> *"Todo desenvolvimento verdadeiramente humano significa o desenvolvimento conjunto das autonomias individuais, das participações comunitárias e do sentimento de pertencer à espécie humana."*
> **Edgar Morin**

Uma criança que está iniciando a Educação Infantil hoje terá 17 anos em 2033, época em que o mundo que conhecemos terá, provavelmente, mudado significativamente.

Em 2016, o Fórum Econômico Mundial publicou um estudo projetando que 65% dos jovens que estão atualmente nas escolas trabalharão em uma profissão que ainda não existe. A previsão é que essas pessoas tenham mais de uma carreira ao longo da vida. Estima-se que este fato decorra do advento da inteligência artificial em que máquinas e robôs realizarão trabalhos, hoje exclusivamente humanos, fazendo com que carreiras atuais deixem de existir em um futuro próximo. Isso gera novas demandas para as gerações vindouras: pode ser muito desafiador ter que se reinventar sucessivamente a cada ciclo de 10, 15 ou 20 anos. Quais competências as pessoas deverão possuir para viver em um mundo com essas características?

No âmbito nacional e internacional, diversos grupos de especialistas estão conduzindo estudos que apontam para a necessidade de ensinar às crianças e aos adolescentes um conjunto de habilidades, denominadas socioemocionais, cujo objetivo consiste em preparar as novas gerações para responderem de modo competente aos desafios da sociedade contemporânea. Os estudos indicam que tais habilidades podem ser aprendidas da mesma forma que os demais conteúdos curriculares.

Desde 2015, o Programa Internacional de Avaliação de Alunos (PISA) investiga a influência de competências não cognitivas no desempenho dos estudantes. Os dados indicam que autoconfiança, motivação e curiosidade intelectual levam a um melhor domínio da língua materna. No Brasil, dados semelhantes foram encontrados por pesquisadores do Instituto Ayrton Senna. Segundo o estudo, realizado com 25 mil estudantes avaliados pela Secretaria de Educação do Rio de Janeiro no ano de 2013, estudantes mais responsáveis, focados e organizados aprendem em um ano letivo cerca de um terço a mais de matemática do que os colegas. Em língua portuguesa, o desempenho foi melhor entre os estudantes com maiores níveis de abertura a novas experiências.

Há polêmicas em relação ao modo como as avaliações são feitas nessa área. Há quem diga que as realizadas na forma de testes contribuem pouco para apontar caminhos sobre o que deve ser aperfeiçoado nas escolas e sistemas de ensino. Já aquelas fundamentadas em autorrelatos dos alunos carecem de objetividade suficiente para nortear políticas baseadas na responsabilização de escolas e educadores. O que se sabe, por ora, é que há a necessidade de se aprimorar os instrumentos que avaliam a temática das competências socioemocionais, e estudos estão sendo desenvolvidos com esse objetivo, mas ainda há muito para avançar.

Nas proposições estipuladas pela Base Nacional Comum Curricular (BNCC), o desenvolvimento integral dos estudantes é considerando além da aprendizagem de conteúdos, como vimos no capítulo 3. Na perspectiva defendida pelo documento, as competências socioemocionais devem ser estimuladas concomitantemente aos saberes curriculares, ou seja, de forma intencional e sistematizada tanto em itens que se referem a competências gerais, como específicas. Por exemplo: quando em matemática são listados tópicos como enfrentar situações-problema; investigar, organizar, representar e comunicar informações relevantes para interpretá-las e avaliá-las crítica e eticamente; agir individual e cooperativamente com autonomia, responsabilidade e flexibilidade; interagir com seus pares de forma cooperativa; sentir-se seguro da própria capacidade de construir e aplicar conhecimentos matemáticos, desenvolvendo a autoestima e a perseverança na busca de soluções; observa-se que se estipula o trabalho com habilidades relacionadas à cognição, ou seja, capacidade mental para aquisição de conhecimentos, ideias e experiências ao mesmo tempo em que são entrelaçados com as competências socioemocionais.

Nota-se que as competências socioemocionais propostas pela BNCC devem ser discutidas muito mais em termos de organização da prática pedagógica do que em termos de um componente curricular específico.

Ao permear o currículo como um todo, não de modo intuitivo, mas sistemática e intencionalmente, estando presentes como oportunidades no cotidiano escolar, os estudantes serão desafiados a constituírem-se como pessoas globais, ampliando suas potencialidades de ser e atuar no mundo.

Um importante destaque deve ser feito. Formar crianças e adolescentes competentes para corresponder aos desafios da sociedade do século XXI não significa considerar o trabalho com as competências socioemocionais como um tipo de educação pragmática, ou seja, não se espera que ele seja realizado apenas para que os estudantes obtenham êxito em avaliações de desempenho ou virem profissionais com alto potencial de empregabilidade. Isso até pode acontecer, mas em decorrência de um objetivo que almeja, antes de tudo, a formação de um ser humano realizado, feliz, capaz de, entre outras coisas, agir com cooperação e empatia, lidar com a diversidade, atuar na construção e transformação de um mundo global. Sob este ponto de vista, estamos diante de uma concepção que defende o direito, para todas as crianças e adolescentes, de receber uma educação que integra cognição e emoção. Esse olhar cuidadoso pode ser considerado, sem dúvida, um significativo avanço na história do sistema educacional brasileiro. Para que tal empreitada obtenha êxito, professores e equipe escolar são considerados figuras centrais. É sobre isso que trataremos a seguir.

A mobilização das competências socioemocionais nos professores e na equipe escolar

O sucesso de um processo educacional depende de uma complexa combinação de fatores: políticas educacionais; destinação de recursos orçamentários; estrutura das escolas; formação de recursos humanos; planos de carreira e salários; projeto político e pedagógico; relacionamento escola e comunidade; gestão escolar, entre outras questões. Dentre todos os fatores elencados, os professores constituem, sem dúvida, um elemento significativo.

Quando falamos sobre o desenvolvimento das competências socioemocionais, a formação dos professores ganha destaque, porque considera-se essencial que esses profissionais tenham desenvolvidas em si mesmos as competências que se deseja que desenvolvam nos estudantes.

É importante formar os professores para que sejam bons modelos a serem seguidos em vez de alguém que apenas ensina as crianças e os adolescentes a nomear e identificar as emoções e os sentimentos. Não se aprende esse tipo de conteúdo teorizando sobre ele, mas vivenciando-o. Assim, bons modelos funcionam melhor do que aulas teóricas, distantes de situações que façam sentido para os estudantes.

Se a BNCC estipula a necessidade de investir no desenvolvimento das novas gerações, é inegável a necessidade de realizar investimentos nos professores e nos demais profissionais da equipe escolar que formam as novas gerações. Colocamos foco na equipe escolar porque entendemos que a responsabilidade por um projeto educacional dessa magnitude compete ao coletivo que compõe a escola como instituição social.

Olhar para essa temática com a seriedade que ela merece é urgente e necessário. Conteúdos relativos ao trabalho com as competências socioemocionais não fazem parte, tradicionalmente, dos currículos dos cursos que formam professores no país, e, quando o fazem, o tratamento é feito de forma incipiente e aligeirada, como bem atestado pelas pesquisas de Gatti (2010, 2013).

O desconhecimento sobre essa área custa caro tanto para o sistema educacional como para o de saúde. A falta de informações confiáveis e de orientação especializada sobre questões emocionais envolvendo os estudantes gera insegurança e vem preocupando professores, que passaram nos últimos anos a demonstrar altos índices de afastamento do trabalho (Vieira et. al., 2014). O senso de impotência para realizar o próprio trabalho, além de constituir-se em gatilho desencadeador de sofrimento psíquico nos docentes, contribui também para um crescente encaminhamento dos estudantes para os serviços de saúde mental, culminando em um controverso fenômeno de medicalização da infância, como se ela representasse a solução para todos os males. Muito do que os docentes supõem ser problemas de saúde mental, destaca Vieira et. al. (2014), decorrem de desconhecimento sobre o desenvolvimento afetivo, que sobrecarrega e onera os já escassos serviços de saúde.

Assim, consideramos essencial que professores e equipe escolar tenham oportunidades para receber formação de qualidade que lhes permita compreender o papel das emoções na aprendizagem e na vida, desenvolvendo as competências socioemocionais primeiro em si mesmos. Destaca-se como necessário que os profissionais sejam formados com o mesmo rigor e crítica com que se deseja formar os estudantes. A experiência mostra que formações que estimulam o protagonismo e a participação ativa dos docentes, em um processo de estudo e reflexão sobre a própria prática, tendem a ser mais bem-sucedidas do que trabalhos descolados da realidade da escola e de sua comunidade. Para tanto deve haver o empenho de gestores públicos no investimento de políticas de formação docente em nível inicial e continuado.

Assim como para os estudantes, os professores também precisam vivenciar as competências que desejam desenvolver em si mesmos. O cultivo de boas relações interpessoais entre a equipe de professores e entre professores e pais de alunos pode ser um bom começo, bem como o exercício da escuta, da empatia e da comunicação entre os profissionais da escola. A organização da rotina escolar, criando espaços que favoreçam o convívio genuíno e saudável entre as pessoas em vez daquele apressado e protocolar, também pode se constituir em uma conveniente medida.

Eixos para o trabalho com as competências socioemocionais.

O mais importante de tudo, porém, consiste na postura e na disponibilidade para aceitar os desafios que a profissão docente oferece, tendo um olhar diferenciado para o desenvolvimento dos estudantes. É essa postura inicial que abre as possibilidades para que todas as demais habilidades e competências sejam desenvolvidas.

Algumas sugestões para a prática

"Diga-me eu esquecerei, ensina-me e eu poderei lembrar, envolva-me e eu aprenderei."
Benjamin Franklin

Para ser efetivo, é importante que o trabalho com as competências socioemocionais seja estimulado diariamente, no convívio dentro e fora de sala de aula, permeando todo o currículo de modo intencional, planejado e duradouro. O ideal é que as atividades sejam iniciadas desde a educação infantil, estendendo-se para as demais etapas de acordo com as necessidades apresentadas em cada faixa etária. Algumas ações podem ser mais trabalhosas do que outras, e fatores como o suporte de famílias e gestores são fundamentais para o sucesso das intervenções.

Abaixo, apresentamos algumas sugestões, mas temos certeza de que elas podem ser aprimoradas por cada professor, de acordo com as demandas e particularidades apresentadas pela comunidade escolar.

De maneira geral, o trabalho deve ser guiado por alguns eixos:

1. Invista no ambiente

Um ambiente que acolhe e apoia cria a expectativa de recompensa pelo esforço. Vínculo com professores, utilização de abordagens cativantes de ensino, estabelecimento de altas expectativas, condizentes com a capacidade dos estudantes, cumprimento de regras e rotinas na sala de aula e clima de ordem na escola são características que contribuem para o trabalho com as competências socioemocionais.

- Estabeleça vínculos com os estudantes. Isso aumenta a autoestima e a sensação de pertencimento em relação ao grupo. Atitudes simples como perguntar como o estudante está se sentindo, dizer que notou a ausência dele e expressar satisfação com a qualidade de um trabalho demonstram interesse e têm o poder de demonstrar que a pessoa é importante.
- Expor os trabalhos dos estudantes pela escola aumenta o vínculo e a sensação de pertencimento.
- Demonstre e dê valor ao autocontrole e às boas atitudes. Seja um exemplo a ser seguido.
- Tente interpretar situações complicadas como a possibilidade de superar desafios.
- Crie formas para que as famílias se envolvam no processo de aprendizagem dos filhos. Isso comprovadamente aumenta o rendimento, reduz a evasão e os comportamentos sociais de risco.
- Propicie oportunidades para que os estudantes se envolvam em relacionamentos e situações construtivas.
- Trabalhe atributos como motivação e empenho, apontados como fundamentais aos processos de aprendizagem.

- Faça da sua sala de aula um ambiente dinâmico. Mantenha o foco de atenção dos estudantes.
- Trabalhe cooperativamente. Alguns valores compartilhados na escola podem ser democraticamente construídos com os estudantes.

2. Invista no estudante

As competências socioemocionais podem ser trabalhadas de modo integrado e entrelaçado ao currículo. Redações, livros, filmes, músicas e experiências cotidianas são boas oportunidades em que o professor pode se valer para introduzir a temática.

- Na Educação Infantil, use e abuse do lúdico e da imaginação para facilitar às crianças um repertório linguístico que permita a identificação e o gerenciamento das emoções e dos sentimentos de acordo com o contexto, construção de hábitos saudáveis e auxílio na tomada de decisões.
- No Ensino Fundamental e Médio, promova debates que tratem sobre a temática da diversidade humana, democracia, cultura e preconceito, de modo a estimular nos estudantes o desenvolvimento da capacidade de argumentação. As temáticas podem ser sugeridas pelos próprios estudantes.
- No Ensino Médio, o trabalho com a construção da identidade e o protagonismo juvenil pode envolver escolhas e projeto de vida. Vídeos, debates e aproximação com as famílias podem ser boas estratégias mediadoras.

3. Invista no autoconhecimento

O autoconhecimento é ponto de partida para o trabalho com as competências socioemocionais. Estratégias simples podem ser utilizadas para que ele se desenvolva.

- Incentive o aluno a expressar o que sente.
- Tenha uma atitude atenta de escuta para aquilo que os estudantes expressam. Discutimos a importância da escuta no capítulo 9.
- Incentive os estudantes a identificar suas emoções em diferentes momentos e contextos.
- Promova rodas de conversa sobre emoções e sentimentos. Ensine que um mesmo acontecimento pode suscitar emoções de diferentes intensidades em diferentes pessoas.

4. Invista na empatia

Os professores podem ser ótimos modelos para estimular a empatia nos estudantes. Para isso, precisam demonstrar seu interesse e sua preocupação pelos sentimentos dos outros.

- Incentive os estudantes a ouvir uns aos outros.
- Use oportunidades que surgem na sala de aula para propor atividades de altruísmo, por exemplo, identificação de demandas no entorno da comunidade escolar que possam ser atendidas por campanhas de arrecadação de alimentos, roupas ou brinquedos para doação. Outras demandas podem servir como situações-problema que conduzam a interessantes reflexões.

- O estudante deve compreender que estar com o professor não é o mesmo que estar com o pai, a mãe ou os irmãos. A relação respeitosa, construída pela disciplina, e não pelo medo, deve levar o estudante a perceber que a escola é um local em que se aprende coisas interessantes.

5. Invista na tomada de decisão responsável, na persistência e na determinação

Ensinar lições de esforço, paciência e perseverança aos estudantes, elogiá-los quando demonstram essas habilidades e oferecer desafios gradativos são condutas importantes para o desenvolvimento dessas competências.

- Solicite aos estudantes que criem estratégias para a resolução de um conflito surgido no cotidiano.
- Auxilie os estudantes a perceber a relação entre esforço e sucesso.
- Proponha atividades em nível gradativo de dificuldade e permita que os estudantes demonstrem suas qualidades, experimentando o sucesso alcançado pelas habilidades de que dispõem.
- Ofereça *feedbacks* tendo em mente que expressar as expectativas de aprendizagem implica fazer com que os estudantes se sintam motivados a participar das atividades e, ao fim de cada aula, se mostrem capazes de falar sobre o que aprenderam. Mas cuidado: ao exercer sua autoridade como mentor, o professor deve ter um compromisso com o ensino, e não com relações de amizade ou paternalismo.

- Recompense positivamente o esforço realizado. Um simples sorriso, abraço ou parabéns faz uma enorme diferença.

Por fim, uma última sugestão. Como o professor pode saber se está utilizando estratégias adequadas para mediar o desenvolvimento de competências socioemocionais nos estudantes? Esta pergunta pode ser respondida com três outras questões.

- Faz o estudante se sentir bem?
- Tem uma consequência que o afeta?
- Causa uma consequência no outro?

Se a resposta for sim para todas as perguntas, o professor estará, provavelmente, diante de uma estratégia adequada.

Palavras finais

"Cérebros brilhantes também podem produzir grandes sofrimentos. É preciso educar os corações."
Dalai Lama

Falar em direito à educação implica considerar não só o acesso à escola e ao conhecimento, mas a formação em todas as dimensões do ser humano. É nessa perspectiva que a inclusão das competências socioemocionais na Base Nacional Comum Curricular (BNCC) pode ser avaliada como um importante avanço propositivo na formação das novas gerações.

Apresentamos neste livro como o trabalho com as competências socioemocionais se articula à educação das emoções, elemento essencial para o desenvolvimento das habilidades que permitirão a cada pessoa a atuação competente nas diferentes situações, desafios e contextos da vida em sociedade.

Explicitamos que a educação das emoções e o desenvolvimento das competências socioemocionais referem-se a um trabalho que depende de vivências de ordem prática, e não teórica. Compreendendo que este trabalho pode apresentar resultados mais eficazes quando realizado de modo sistematizado, contínuo e entrelaçado ao currículo, fizemos sugestões de atividades que podem ajudar os professores na organização da sua prática pedagógica.

Considerando a magnitude de um projeto que almeja formar estudantes como seres humanos globais e éticos, entendemos ser necessário formar, com os mesmos propósitos, também os professores e a equipe escolar que atuam com estes estudantes. Assim, propusemos alternativas que considerem tais características nos processos de formação inicial e continuada desses profissionais.

Por fim, esperamos que a leitura tenha sido útil e proveitosa para todos aqueles envolvidos com o desafiante trabalho de formação e promoção do desenvolvimento de crianças e adolescentes.

Bibliografia

Alves, R. **Ostra feliz não faz pérola**. São Paulo: Planeta do Brasil, 2008.

Bauman, Z. A sociedade líquida. [Entrevista concedida a] Maria Lúcia Garcia Pallares-Burke. *Folha de São Paulo*. São Paulo, domingo, 19 de outubro de 2003. Disponível em: <https://www.prefeitura.sp.gov.br/cidade/secretarias/upload/chamadas/4_Encontro_Entrevista_A_Sociedade_Liquida_1263224949.pdf>. Acesso em: 07 jul. 2019.

Betto, F; Boff, L; Cortella, M. S. **Felicidade foi-se embora?** Rio de Janeiro: Vozes, 2016.

Dalgalarrondo, P. **Psicopatologia e semiologia dos transtornos mentais**. Porto Alegre: Artmed, 2008.

Damásio, A. **Em busca de Espinosa: prazer e dor na ciência dos sentimentos**. São Paulo: Companhia das Letras, 2004.

Damásio, A. **O erro de Descartes: emoção, razão e o cérebro humano**. 3ª. Edição. São Paulo: Companhia das Letras, 2012.

Damásio, A. **O sentimento de si**, de Tradução de M.F.M revista pelo autor. Europa América, 2000.

Diener, E. Happiness: **A brief history**. EUA. Jonh Wiley Trade, 2008.

Dunker, C; Tebas, C. **O palhaço e o psicanalista**. São Paulo: Planeta, 2019.

Ekman, P. **A linguagem das emoções**. São Paulo: Lua de papel, 2011.

Fredrickson, B. **Positividade: descubra a força das emoções positivas, supere a negatividade e viva plenamente**. São Paulo: Rocco, 2005.

Gardner, H. **Inteligências múltiplas. A teoria na prática**. Porto Alegre: Artes Médicas, 1995.

Gatti, B. **Educação, escola e formação de professores: políticas e impasses. Educar em Revista**, Curitiba, n. 50, p. 51-67, out./dez. 2013. Disponível em: <http://www.scielo.br/pdf/er/n50/n50a05.pdf>. Acesso em: 9 jul. 2019.

Gatti, B. **Formação de professores no Brasil: características e problemas. Educação & Sociedade**, Campinas, v. 31, n. 113, p. 1355-1379, out./dez. 2010. Disponível em: <http://www.scielo.br/pdf/es/v31n113/16.pdf>. Acesso em: 9 jul. 2019.

Goleman, D. **Emotional intelligence**. New York: Bantam Books, 1995.

Machado, L. V, Facci, M. G. D. Barroco, S. M. S. **Teoria das emoções em Vigotski. Psicologia em Estudo**, Maringá, v. 16, n. 4, p. 647-657, out./dez. 2011. Disponível em: <http://www.scielo.br/scielo.php?script=sci_arttext&pid=S1413-73722011000400015>. Acesso em: 2 out. 2019.

Macedo, L.; FINI, M. I. **Uma análise do conceito de competências na BNCC. Pátio Ensino Médio, Profissional e Tecnológico, ano X**, n. 37, p. 15-18, jun./ago. 2018.

Marin, A. H et al. **Competência socioemocional: conceitos e instrumentos associados. Revista Brasileira de terapias cognitivas**, Rio de Janeiro, v. 13, n. 2, p. 92-103, dez. 2017. Disponível em: <http://pepsic.bvsalud.org/scielo.php?script=sci_arttext&pid=S1808-56872017000200004&lng=pt&nrm=iso>. <http://dx.doi.org/10.5935/1808-5687.20170014>. Acessos em: 06 jul. 2019.

Parhomenko, K. **Diagnostic Methods of Socio – Emotional Competence in Children. Procedia - Social and Behavioral Sciences**, v. 146, p. 329-333, 2014.

Salovey, P., & Mayer, J. D. **Emotional intelligence. Imaginattion, Cognittion and Personality**, 9, 185-211, 1990.

Vieira, M. A. et. al. **Saúde mental na escola. In: Estanislau, G. M; Bressan, R. A. (orgs). Saúde mental na escola: o que os educadores devem saber.** Porto Alegre: Artmed, 2014.

Conheça outros títulos da série

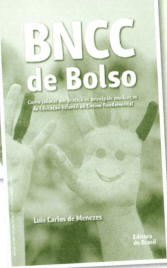

Adquira pelo site:

www.editoradobrasil.com.br

Central de Atendimento
Email: atendimento@editoradobrasil.com.br
Telefone: 0300 770 1055

Redes Sociais
facebook.com/EditoraDoBrasil
youtube.com/EditoraDoBrasil
instagram.com/editoradobrasil_oficial
twitter.com/editoradobrasil

www.editoradobrasil.com.br